ALPHABET

DE

LA VIE DES SAINTS

Orné

de 27 Vignettes

PARIS
D. BELIN, LIBRAIRE
Quai des Grands Augustins

ALPHABET

DE LA VIE

DES SAINTS.

ORNÉ DE 27 FIGURES.

PARIS.

D. BELIN, LIBRAIRE,

QUAI DES AUGUSTINS, Nº 11.

⊳*⊲

1827.

De l'Imprimerie de J. GRATIOT, rue du Foin Saint-Jacques, maison de la Reine Blanche.

a	A
b	B
c	C

d	D
e	E
f	F

g	G
h	H
i	I

j	J
k	K
l	L

m	M
n	N
o	O

p	P
q	Q
r	R

s	S
t	T
u	U

v	V
x	X
y	Y

z	Z
æ	Æ
œ	OE

a   b   c   d

e   f   g   h

i   j   k   l

m   n   o   p

q   r   s   t

u   v   x   y   z.

Les lettres doubles.

æ œ fi ffi
fi ffi fl ffl
ff ſb fl ff
ĉt ſt w &

æ œ fi ffi
ſi ſſi fl ffl
ff ſb fl ſſ
ĉt ſt w &

Voyelles.

a e i ou y o u

Syllabes.

ba be bi bo bu
ca ce ci co cu
da de di do du
fa fe fi fo fu
ga ge gi go gu
ha he hi ho hu
ja je ji jo ju
ka ke ki ko ku

la   le   li   lo   lu

ma me mi mo mu

na ne ni no nu

pa pe pi po pu

qua que qui quo qu

ra   re   ri   ro   ru

sa   se   si   so   su

ta   te   ti   to   tu

va   ve   vi   vo   vu

xa   xe   xi   xo   xu

za   ze   zi   zo   zu

Lettres accentuées.

é (aigu).
à è ù (graves).
â ê î ô û (circonflexes).
ë ï ü (tréma).

Signes de la ponctuation.

La virgule (,).
Le point et la virgule (;).
Les deux points (:).
Le point (.).
Le point d'interrogation (?).
Le point d'exclamation et d'ad-
    miration (!).
Le c cédille (ç).
Les parenthèses ( ).
Les guillemets (» »).
Le trait-d'union (-).
L'apostrophe (').

Mots qui n'ont qu'un son,
ou *qu'une syllabe.*

Pain	Vin
Chat	Rat
Four	Blé
Mort	Corps
Trop	Moins
Art	Eau
Marc	Veau
Champ	Pré
Vent	Dent
Vert	Rond

Mots à deux sons, ou deux syllabes à épeler.

Pa-pa Cou-teau

Ma-man Cor-don

Bal-lon Cor-beau

Bal-le Cha-meau

Bou-le Tau-reau

Chai-se Oi-seau

Poi-re Ton-neau

Pom-me Mou-ton

Cou-sin Ver-tu

Gâ-teau Vi-ce

Mots à trois sons, ou trois syllabes à épeler.

Or-phe-lin
Scor-pi-on
Ou-vra-ge
Com-pli-ment
Nou-veau-té
Cou-tu-me
Mou-ve-ment
His-toi-re
Li-ber-té
Li-ma-çon

A-pô-tre

Vo-lail-le

Ci-trouil-le

Mé-moi-re

Car-na-ge

Ins-tru-ment

Su-a-ve

Fram-boi-se

Gui-mau-ve

U-sa-ge

Cha-ri-té

Cons-tan-ce

Mots à quatre sons , ou quatre
syllabes à épeler.

É-ga-le-ment
Phi-lo-so-phe
Pa-ti-en-ce
O-pi-ni-on
Con-clu-si-on
Zo-di-a-que
É-pi-lep-sie
Co-quil-la-ge
Di-a-lo-gue
Eu-cha-ris-tie
Re-li-gi-on
Pro-ces-si-on
Ba-si-li-que
Ac-ti-vi-té
Con-fes-si-on
Hé-mor-rha-gie

Thé-o-lo-gie
Ac-cé-lé-rer
Pré-dé-ces-seur
Ac-ces-si-ble

*Mots à cinq sons, ou cinq
syllabes à épeler.*

Na-tu-rel-le-ment
Em-bel-li-se-ment
In-can-des-cen-ce
Ad-mi-ra-ble-ment
Cou-ra-geu-se-ment
In-ex-o-ra-ble
A-ca-ri-â-tre
In-do-ci-li-té
Ir-ré-sis-ti-ble
Cu-ri-o-si-té
Cor-di-a-li-té
In-con-vé-ni-ent

Phrases à épeler, divisées par syllabes.

J'ai-me mon pa-pa.

Je ché-ris ma-man.

Mon frè-re est o-bé-is-sant.

Ma sœur est bien ai-ma-ble.

Mon cou-sin m'a don-né un pe-tit se-rin.

Grand pa-pa doit ap-por-ter un pe-tit chi-en.

Gran-de ma-man me don-ne-ra pour é-tren-nes un che-val de car-ton.

J'i-rai de-main me pro-
me-ner sur les bou-le-varts
a-vec mes ca-ma-ra-des.

Thé-o-do-re a un beau
cerf-vo-lant, a-vec le-quel
je m'a-mu-se-rai bien.

La mai-son de ma tan-te
à Vau-gi-rard est très-
jo-lie. Il y a dans la cour
un beau jeu de quil-les.

Mon on-cle Tho-mas a
a-che-té un pe-tit é-cu-reuil
que je vou-drais bien a-voir
pour me di-ver-tir.

Di-man-che je n'i-rai pas
à l'é-co-le ; mon cou-sin

Au-gus-te vien-dra me cher-cher pour al-ler à la pro-me-na-de.

Phrases à épeler.

Il n'y a qu'un seul Dieu qui gou-ver-ne le ci-el et la ter-re.

Ce Dieu ré-com-pen-se les bons, et pu-nit les mé-chans.

Les en-fans qui ne sont pas o-bé-is-sans ne sont pas ai-més de Dieu, ni de leurs pa-pas et ma-mans.

Il faut fai-re l'au-mô-ne

B

aux pau-vres, car on doit
a-voir pi-tié de son sem-
bla-ble.

Un En-fant ba-bil-lard
et rap-por-teur est tou-
jours re-bu-té par tous ses
ca-ma-ra-des.

On ai-me les en-fans
do-ci-les ; on leur don-ne
des bon-bons.

A-vec de la bon-ne vo-
lon-té et de l'ap-pli-ca-
ti-on, les en-fans ap-pren-
nent vi-te et re-tien-nent
ce qu'ils ont ap-pris.

| St. Antoine | St. Bruno |

| St. Charles Borromée | St. Denis |

| St. Etienne | St. François |

A.

SAINT ANTOINE.

Saint Antoine naquit au village de Come, en Égypte, l'an 251. Son père et sa mère, qu'il perdit à l'âge de dix-sept ans, lui laissèrent de grands biens. On dit qu'étant un jour entré dans l'église, et ayant entendu lire l'Évangile dans lequel Jésus-Christ dit à un jeune homme qui était riche, « Si vous voulez être parfait, allez, vendez tout ce que vous avez, donnez-le aux pauvres; puis venez et me suivez, et vous aurez un trésor dans le ciel ; « il prit la résolution de quitter le monde, distribua ses héritages aux voisins, donna le prix de ses meubles aux pauvres, et se retira dans la

solitude vers l'an 270. Il bâtit dans les
déserts plusieurs monastères. Antoine
s'appliquait à la prière et à la méditation.
Il fut attaqué de diverses tentations. On
dit même que les démons se présentaient
à lui sous différentes formes affreuses,
et le chargeaient de coups. Il fit beaucoup
de miracles, et anima, par ses exemples
et par ses discours, ceux qui avaient em-
brassé la vie monastique. Il mourut le 17
janvier 356, âgé de cent cinq ans.

B.

SAINT BRUNO,

FONDATEUR DES CHARTREUX.

Saint Bruno naquit à Cologne. On l'envoya à Paris, où il se rendit habile dans

les sciences. Sa réputation de sagesse et de science s'étendit tellement, qu'on lui offrit de toute part des dignités ecclésiastiques. Il n'accepta qu'un canonicat de Rheims. Ensuite il résolut, avec six autres personnes, de renoncer au monde; et, quelle que soit la cause qui le détermina, il se retira auprès de saint Hugues, évêque de Grenoble, qui l'établit avec ses compagnons dans l'affreuse solitude de la Chartreuse, en Dauphiné, laquelle a donné le nom à l'ordre célèbre fondé par saint Bruno. Urbain II, disciple et ami de saint Bruno, l'appela en Italie vers 1089, et lui offrit l'archevêché de Régis; mais saint Bruno le refusa, et alla fonder un monastère dans la Calabre, où il mourut le 6 octobre 1101.

C.

SAINT CHARLES BORROMÉE.

Aucun prélat ne montra plus de zèle que l'illustre archevêque de Milan, saint Charles Borromée. Pie IV, son oncle, qui connaissait ses talens et son zèle, pour la religion, le fit cardinal, en 1559, à l'âge de vingt-trois ans, et le chargea des affaires les plus importantes de l'église, qu'il conduisit avec la plus religieuse exactitude. Dans la même année, il fut nommé archevêque de Milan. Charles s'appliqua à établir la réforme dans le clergé régulier et séculier. Sa maison ressemblait plutôt à un séminaire qu'au palais d'un cardinal archevêque de Milan. Sa manière de vivre était très austère. La plus grande frugalité

régnait à sa table. Dans les dernières années de sa vie, sa nourriture était du pain
et de l'eau, et quelques légumes. Il aban-
donna son patrimoine à ses proches, après
en avoir vendu néanmoins une principauté
de dix mille ducats de rente, dont il employa toute la valeur en aumônes et en
œuvres pies. Saint Charles s'appliqua à
retracer dans sa conduite les vertus de
saint Ambroise, son prédécesseur, qu'il
avait choisi pour modèle. Il fit un grand
nombre d'établissemens pieux et utiles.
Dans le temps que la peste affligeait son
troupeau, il vendit jusqu'à son lit, et se
réduisit à coucher sur des planches. Il
visitait les pestiférés avec une tendresse
de père, et leur administrait les sacremens; il n'omit aucun moyen pour dé-
sarmer la colère de Dieu. Il finit sain-
tement sa vie, âgé de quarante-six ans,
en 1584.

~~~~~~

D.

SAINT DENIS.

Saint Denis, premier évêque de Paris, vint dans les Gaules du temps de l'empereur Dèce, vers l'an 240 de Jésus-Christ. Il s'avança vers Paris, accompagné de plusieurs saints prêtres, qui voulurent être associés à ses travaux pour avoir part à sa récompense.

La ville de Paris était resserrée alors dans l'île qu'on nomme aujourd'hui la Cité. Saint Denis avait déjà beaucoup souffert quand il y arriva ; car, ayant traversé des pays idolâtres, il avait prêché la foi dans presque tous les lieux où il avait passé, et les païens l'avaient souvent maltraité. La vertu que Dieu donnait à ses prédications fit bientôt un grand nombre de conversions. On voyait tous les jours la croix du Sauveur arborée en quelque lieu, et quelques idoles renversées. Le peuple, frappé de l'éclat et du nombre de ses miracles, s'écriait : Un Dieu plus puissant que les nôtres est descendu parmi nous.

Tant de conversions allumèrent la fureur des païens; mais, ce qui les irrita davantage, c'est que le saint apôtre, voyant croître le nombre des fidèles, leur bâtit une église pour y prier en commun, et y établit un clergé. A cette vue, les idolâtres, et surtout les prêtres des faux dieux, s'arment contre le Seigneur et son Christ. Il s'élève une violente persécution contre l'Église. On se saisit de saint Denis et de ses deux plus fidèles compagnons, Rustique, prêtre, et Éleuthère, diacre. Ils confessèrent tous trois courageusement la

B 3

foi qu'ils avaient prêchée ; et, après avoir
été éprouvés par les fouets et par divers
autres tourmens, le juge leur fit trancher
la tête. On devait les jeter dans la rivière.
Mais une dame pieuse parvint à les enle-
ver et à les enterrer. On croit que c'est à
la place de la célèbre abbaye de Saint
Denis.

E.

SAINT ÉTIENNE.

Saint Étienne, premier martyr de Jésus-
Christ, et l'un des sept diacres choisis par
l'assemblée des fidèles, était un homme
plein du Saint - Esprit. Mais, comme
Étienne faisait de grands miracles parmi
le peuple, quelques hommes envieux et

St. Grégoire

St. Hilaire d'Arles

St. Ignace de Loyola

St. Jean

St. Kotska (Stanislas)

St. Louis

jaloux subornèrent contre lui de faux té-
moins, qui, ne pouvant rien alléguer contre lui de formel, eurent recours à des
accusations vagues, disant qu'il ne cessait
de blasphémer contre la loi. Alors, saint
Étienne répondant à ses accusateurs, parla
avec une force extraordinaire, et accusa
les Juifs d'avoir toujours rendu à Dieu le
mal pour le bien. Il les appela hommes
rebelles au Saint-Esprit, ce qui excita
leur rage, et les porta à le lapider. Il mourut en invoquant Jésus, et criant à haute
voix : Seigneur, ne leur imputez point ce
péché.

F.

SAINT FRANÇOIS D'ASSISE.

Saint François d'Assise, instituteur de

l'ordre des Frères Mineurs, et l'un des plus grands saints révérés dans l'église, naquit à Assise, en Ombrie, l'an 1182. Saint François, après avoir employé les premières années de sa vie dans le négoce, renonça à ses biens, et fit profession de la pauvreté évangélique. Il eut aussitôt un si grand nombre de disciples, qu'il résolut de former un ordre de religieux ; ce qu'il fit vers 1209. Il établit des monastères, convertit les peuples par ses prédications, et les édifia par ses vertus. Il se démit de son généralat en faveur de Pierre de Catane, et se retira sur une des plus hautes montagnes de l'Apennin. C'est là qu'il vit un séraphin crucifié tout en feu, dont il lui resta des stygmates sur la chair, qui représentaient les plaies de notre Seigneur Jésus-Christ sur la croix. C'est là aussi qu'il eut le nom de séraphique, qui a passé à tout son ordre. Il mourut à l'âge de quarante-cinq ans. Il n'était que diacre, son humilité l'ayant empêché de recevoir la prêtrise.

~~~~~~

G.

SAINT GRÉGOIRE.

Saint Grégoire de Nazianze passa la plus grande partie de sa vie dans la retraite, pour laquelle il avait beaucoup de goût. En ayant été tiré et élevé à l'épiscopat, il fut envoyé vers l'an 379 à Constantinople, pour gouverner cette Église, et pour s'opposer à l'hérésie dans le séjour même où les empereurs la protégeaient. En butte à toute sorte de mauvais traitemens, il n'y opposa que la patience ; il témoignait une grande charité à tout le monde, en même

temps qu'il menait une vie dure et mor-
tifiée, gémissant devant Dieu dans le se-
cret, et se préparant à l'exercice du saint
ministère par la prière et par la méditation
des saintes Écritures. Cette conduite vrai-
ment épiscopale, lui gagna en peu de
temps l'affection des habitans de Constantinople ; mais, d'un autre côté, le peu
de complaisance qu'il avait pour les grands,
et la jalousie qu'excitaient ses talens, lui
suscitèrent bien des traverses qui lui firent
prendre le parti de la retraite. Il se hâta
de regagner sa chère solitude, et il en
goûta plus que jamais les douceurs. Les
discours de ce saint docteur font la plus
grande partie des écrits que nous avons de
lui : rien n'est plus sublime, plus majes-
tueux, plus digne de la grandeur de nos
mystères, que ces discours, qui ont acquis
à saint Grégoire le surnom de théologien
par excellence.

H.

SAINT HILAIRE, ABBÉ.

Saint Hilaire d'Arles était d'une condition noble. Il fut élevé aux premières dignités. Il avait beaucoup de vivacité, une éloquence admirable, mais il aimait les plaisirs. Saint Honorat, abbé de Lerins, et son ami particulier, le vint trouver pour tâcher de le faire renoncer à l'amour du siècle; et enfin, la grâce de Dieu s'étant rendue victorieuse de son cœur, il donna sur l'heure tout son bien aux pauvres. Il suivit saint Honorat, et entra dans le monastère de Lerins. Ensuite saint Honorat, qui avait été archevêque d'Arles, se voyant aux derniers momens de la vie, le désigna

son successeur. Mais, dès que saint Hilaire
en eut connaissance, il s'échappa et s'en
retourna vers son monastère ; on courut
après lui, on le ramena à Arles, et ce fut
pendant le chemin qu'un pigeon blanc
descendit sur sa tête, et s'y arrêta opiniâ-
trément. Outre les travaux de sa charge
dans l'épiscopat, et outre ses veilles con-
tinuelles et ses jeûnes excessifs, il travaillait
encore de ses mains. Il se soumit même à
labourer la terre, afin de gagner de quoi
soulager les pauvres, et il vendit jusqu'aux
calices de son église pour les assister.

I.

SAINT IGNACE DE LOYOLA.

Saint Ignace de Loyola, fondateur des
Jésuites, naquit au château de Loyola, en

Biscaye, en 1491, d'une famille noble. Il prit le parti des armes, et s'y distingua. En 1521, il eut la cuisse cassée d'un boulet de canon. Pendant sa convalescence, ayant demandé un roman pour se désennuyer, il ne s'en trouva pas, et on lui donna à lire une vie des Saints qui se rencontra par hasard. Cette lecture toucha tellement Ignace, qu'elle le détermina à changer de vie. Il s'habilla en mendiant, et partit pour la Terre-Sainte. Après avoir visité les saints lieux, il revint en Europe, et forma le dessein de s'associer plusieurs hommes apostoliques, et de fonder un ordre. Paul III confirma, en 1540, l'institut de saint Ignace, sous le nom de compagnie de Jésus. Ce célèbre fondateur en fut élu premier général. Il le gouverna avec une prudence et avec une sagesse admirable, et mourut à Rome le 31 juillet 1556, à soixante-cinq ans. Les disciples de saint Ignace prirent le nom de Jésuites, du nom de l'église de Jésus, qui leur fut donnée dans Rome.

J.

SAINT JEAN-BAPTISTE.

Saint Jean-Baptiste, précurseur du Fils de Dieu, était fils de Zacharie et d'Élisabeth. Sa naissance fut annoncée par l'ange Gabriel, et confirmée par un grand miracle ; car Zacharie, son père, qui était devenu muet, à cause de son incrédulité, recouvra alors l'usage de la parole. Saint Jean se retira dès son enfance dans le désert, où il ne se nourrissait que de sauterelles et de miel sauvage. Son habillement

était fait de poil de chameau, et sa manière de vivre était très austère; il sortit
du désert l'an 29 de Jésus-Christ, pour
aller prêcher sur les rivages du Jourdain
le baptême de la pénitence, et la venue
du Messie. Il instruisait ceux qui venaient
à lui, et il les baptisait : ce qui lui fit
donner le nom de Baptiste. L'année suivante il baptisa Jésus dans le Jourdain.

Ayant été mis en prison, Hérode lui
fit trancher la tête, d'après la promesse
qu'il en avait faite à la fille d'Hérodiade,
qui avait su lui plaire par sa danse.

K.

KOSTKA (SAINT STANISLAS)

Saint Stanislas naquit en Pologne, en
1550 : il était fils d'un sénateur polonais.
Envoyé de bonne heure au collége des
Jésuites, à Rome, il s'y fit admirer par sa
modestie, sa ferveur, et son recueille-
ment. Il voulut entrer dans la compagnie de Jésus : le père Canisius, provin-
cial, desirant s'assurer de sa vocation, lui
ordonna de servir à table les pensionnai-
res du collége, et d'avoir soin de leurs
chambres. Stanislas s'en acquitta avec un
zèle et une humilité qui firent l'étonne-
ment de toute la maison. On l'envoya à
Rome, où saint François de Borgia, géné-

ral des Jésuites, lui donna l'habit de l'ordre d'après ses vives instances. L'année
suivante il fut atteint d'une maladie à laquelle il succomba. Il rendit l'ame en
faisant les actes les plus ardens de con-
trition et d'amour. Il n'avait pas encore
dix-huit ans.

L.

SAINT LOUIS, ROI DE FRANCE.

Louis ix avait à peine douze ans lors-
que son père mourut. Il fut élevé sous la
tutelle de sa mère, Blanche de Castille,
qui gouvernait le royaume de France en
qualité de régente. Cette vertueuse prin-
cesse inspira de bonne heure à son auguste
fils l'amour de la vertu et le goût de la piété.

Elle répétait souvent ces belles paroles :
« Mon fils, quelque tendresse que j'aie pour
vous, j'aimerais mieux vous voir privé du
trône et de la vie que souillé d'un seul péché
mortel ». Le jeune Louis prenait plaisir à
écouter les sages instructions de sa mère,
et il ne les oublia jamais. Il montra toute
sa vie l'estime singulière qu'il faisait de la
grâce du baptême par la prédilection qu'il
avait pour le lieu où il l'avait reçu. Il signait
quelquefois Louis de Poissy, donnant à
entendre qu'il préférait le titre de chrétien à celui de roi de France. Une maladie
dangereuse qu'essuya saint Louis, fut l'oc-
casion de la première croisade qu'il en-
treprit pour le recouvrement de la Terre
Sainte. Il se disposa, par l'exercice de
toutes sortes de bonnes œuvres, à accom-
plir son vœu; la plupart des princes prirent
la croix, et leur exemple fut suivi de la
noblesse et du peuple. Le Roi fit des

prodiges de valeur en Égypte ; il fut fait prisonnier à la bataille de Massure. Saint Louis, dans la prison, parut le même que sur le trône, aussi grand dans les fers que s'il eût été vainqueur sur le champ de bataille. Traité avec inhumanité, il se conduisit toujours en roi et en fidèle chrétien. Ayant recouvré la liberté, il revint en France quelque temps après. Il médita une seconde croisade ; mais, arrivé près de Tunis, il fut atteint de la peste ; aussitôt il demanda les sacremens, et les reçut avec une grande ferveur : se sentant près de sa fin, il se fit coucher sur un lit couvert de cendres, et, les yeux fixés au ciel, il expira en prononçant ces mots: Seigneur, j'entrerai dans votre maison, je vous adorerai dans votre saint temple, et je glorifierai votre nom. Ainsi mourut le meilleur des rois.

M.

SAINT MICHEL.

L'Écriture nous apprend qu'il y a des anges que Dieu a créés de purs esprits sans corps, et qu'il s'est souvent servi d'eux pour faire connaître aux hommes ses volontés toujours justes et raisonnables.

Nous lisons dans l'Écriture-Sainte les noms de trois de ces anges, Michel, Gabriël, et Raphaël, parce que ce sont ceux-là dont Dieu s'est servi particulièrement pour faire connaître aux hommes ses volontés. Saint Michel fut envoyé à Daniel, et lui prédit plusieurs événemens

St Michel   St Nicolas

St Ouen   St Pierre

St Quentin   St Roch

qui devaient arriver dans la suite des
mps.

Outre les bons anges, il y en avait encore un grand nombre qui avaient aussi
été créés dans la justice et dans la vérité;
ais ils voulurent s'égaler à Dieu, et leur
orgueil fut puni. Dieu les précipita dans
'abîme, et leur malheur sera éternel.
ne partie de ces anges rebelles s'est re-
pandue dans l'air : leur occupation est de
tenter les hommes ; mais ils n'ont de pou-
voir sur nous qu'autant que Dieu leur en
aisse, et cette puissance ne peut se ter-
miner qu'à faire du mal.

V

C

N.

SAINT NICOLAS , ÉVÊQUE.

Saint Nicolas naquit dans la ville de Patare , en Lycie ; il était d'une illustre famille , et après la mort de ses parens il donna presque tout son bien aux pauvres. Ce fut dans un voyage qu'il fit pour aller visiter les lieux saints qu'il appaisa miraculeusement une tempête, ce qui a porté ceux qui se trouvent dans un pareil péril à l'invoquer dans leur besoin.

Comme saint Nicolas passait par Mire , principale ville de la Lycie, les évêques qui y étaient assemblés s'accordèrent à élire pour évêque celui qui le lendemain entrerait le premier dans l'église, et ce fut saint Nicolas, qui, dans cette charge, témoigna une si grande générosité pour la foi, qu'il fut condamné au bannissement par les édits de Dioclétien et de Maximien. On ne sait pas au juste comment il mourut.

O.

SAINT OUEIN,

ARCHEVÊQUE DE ROUEN.

Saint Ouein naquit aux environs de Soissons ; ses parens étaient illustrés par leur naissance, mais plus estimables encore par leur piété. Ils mirent de bonne heure Ouein à la cour de Clotaire II, où il se fit beaucoup estimer du prince, et même des courtisans. Le roi ne faisait

C 2

rien sans son conseil , et le trouvait toujours judicieux dans ce qu'il décidait ,
parce qu'il jugeait sans passion, et confor-
mément à l'évangile , qui doit être la règle
des princes comme du peuple.

Dagobert I étant monté sur le trône ,
ne voulut pas laisser sortir de sa cour un
homme qui pouvait lui être si utile , il le
fit son chancelier et lui confia ainsi les
affaires les plus importantes du royaume.
Saint Ouein fut un ministre aussi vertueux
qu'éclairé , et l'ordre qu'il tâchait d'établir
dans le royaume , règnait aussi dans toute
sa maison. Saint Ouein voulut se retirer
dans un monastère , mais les princes et les
grands s'y opposèrent. Tout ce qu'il put
obtenir fut la cléricature. Plus tard il fut
élu archevêque de Rouen. Cette dignité
qui élève les autres , rendit au contraire
le saint évêque de Rouen plus pauvre et
plus humble qu'il n'avait été avant son or-

dination. Il redoubla ses austérités et ses mortifications. Dieu autorisa souvent son zèle par des miracles éclatans. Il finit sa vie dans la prière, âgé d'environ soixante-quatorze ans.

P.

SAINT PIERRE.

Simon, qui fut ensuite appelé Pierre, était un pêcheur de Bethsaïde, en Galilée. Il était marié quand il suivit Jésus-Christ. Saint André, son frère, le mena à Jésus, et ils vinrent plusieurs fois recevoir de lui les paroles de vie, en sorte qu'ils pouvaient passer pour ses disciples.

Un jour que les deux frères lavaient leurs filets au bord du lac de Genésareth,

Jésus monta dans leur barque pour instruire le peuple qui l'avait suivi en foule.
Puis il dit à saint Pierre de jeter ses filets
à l'eau, et, quoique l'on eût rien pris de
la nuit, la pêche fut si abondante que les
filets se rompaient. Pierre, convaincu qu'il
n'était pas digne que Dieu fît un miracle en
sa faveur, s'écria qu'il ne méritait pas d'ap-
procher du Saint des saints ; mais Jésus-
Christ l'ayant appelé, il quitta tout dès ce
moment pour le suivre : aussi est-il regardé
comme le premier des douze apôtres.

Saint Pierre, après avoir été témoin des
souffrances et de la prise de Jésus-Christ
dans le jardin des Olives, après même avoir
frappé un de ceux qui étaient venus se
saisir du Sauveur, après enfin l'avoir suivi
chez Caïphe, n'osa pas s'avouer son disciple, et le renia trois fois. Dès que saint
Pierre eut commis cette faute, Jésus le
regarda, et le repentir lui fit verser d'a-

- bondantes larmes. Il fut le premier à qui le Seigneur apparut après sa résurrection. Cependant Dieu permit qu'une persécution s'allumât contre les apôtres, pour les obliger à aller annoncer l'Évangile aux Gentils. Saint Pierre prêcha avec tant de force, que les païens en furent irrités, et le firent arrêter avec saint Paul. On croit qu'ils restèrent neuf mois en prison ; ils convertirent leurs principaux gardiens. Saint Pierre finit sa vie attaché à une croix, la tête en bas, comme il l'avait demandé lui-même.

Q.

SAINT QUENTIN.

Rictius Varus, préfet dans les Gaules,

vint à Amiens, où saint Quentin, fils d'un
sénateur romain, annonçait avec zèle et
avec succès la doctrine évangélique. Il fit
arrêter le saint apôtre, et, l'ayant cité à
son tribunal, il lui demanda son nom. Je
suis chrétien, voilà mon nom, répondit
le saint : si vous voulez en savoir davantage, mes parens m'ont nommé Quentin.
Le tyran l'ayant inutilement sommé de
sacrifier aux faux dieux, en le menaçant
des plus cruelles tortures, il commença
par le faire fouetter; puis il ordonna qu'il
fût resserré dans une étroite prison, d'où
un ange le délivra, en lui commandant
d'aller instruire le peuple. L'éclat de ce
miracle donna tant de force à ses paroles,
qu'il convertit six cents personnes; ses
gardes mêmes furent du nombre. Saint
Quentin parut une seconde fois devant le
préfet, qui tâcha de le gagner par de
flatteuses promesses. Comme elles étaient

inutiles, ce tyran eut de nouveau recours aux tourmens. Il le fit étendre, par le moyen des poulies, d'une manière si violente, que tous ses membres furent disloqués; ensuite on lui déchira le corps avec des verges de fer; on versa sur ses plaies de l'huile bouillante, de la poix, et de la graisse fondue; enfin on lui appliqua des torches ardentes. Voyant que le saint semblait tirer de nouvelles forces de ses souffrances, Varus fit inventer de nouveaux tourmens, plus horribles encore. Enfin, comme le saint vivait encore après ces supplices, on lui trancha la tête, qui fut jetée, ainsi que son corps, dans la rivière de la Somme; mais une sainte femme, nommée Eusébie, trouva le corps, et l'enterra sur une colline voisine.

R.

SAINT ROCH.

Saint Roch est plus connu par la dévotion des fidèles qui l'invoquent dans les maladies contagieuses, que par l'histoire de sa vie, écrite long-temps après sa mort. On dit qu'il naquit à Montpellier d'une famille noble, vers la fin du treizième siècle, et qu'ayant perdu son père et sa mère à l'âge de vingt ans il alla à Rome en pélerinage. Il s'arrêta en plusieurs villes d'Italie qui étaient affligées de la peste, et s'employa à servir les malades dans les hôpitaux. Rome étant aussi attaquée du même mal, il y alla et s'y occupa de même pendant environ trois ans. Au retour, il

St. Sebastien   St. Thomas

St. Urbain   St. Victor

St. Xavier *(François)*   St. Yves   St. Zacharie

s'arrêta à Plaisance, où cette maladie régnait alors. Saint Roch lui-même en fut frappé et réduit à sortir, non seulement de l'hôpital, mais encore de la ville, pour ne pas infecter les autres ; on ajoute qu'il fut assisté par un seigneur, nommé Gothard, auquel il inspira le mépris du monde et l'amour de la retraite. Saint Roch étant guéri, revint à Montpellier, où il mourut en 1327.

S.

SAINT SÉBASTIEN, MARTYR.

Saint Sébastien, né à Narbonne, embrassa la profession des armes, et fut élevé aux charges militaires, où sa bonté, sa sincérité, sa prudence, et plusieurs au-

tres bonnes qualités, le firent aimer de
tout le monde.

On découvrit qu'il était chrétien, et que
c'était lui qui affermissait les autres contre
la crainte des supplices et de la mort.
L'empereur en fut averti ; il le fit venir, et
lui reprocha son peu de reconnaissance
pour les bienfaits qu'il avait reçus de lui.
Sébastien lui répondit qu'il n'avait pas
cessé de faire des prières pour sa per-
sonne et pour l'empire, mais qu'il les
avait adressées à Dieu qui est dans le ciel
et à Jésus-Christ, et non à des idoles et à
des pierres. Dioclétien, irrité de cette
réponse, ordonna qu'il fût attaché à un
poteau et percé de flèches, ce qui fut
exécuté sur le champ : on le laissa pour
mort. Mais une sainte femme, nommée
Irène, qui venait pour l'enterrer, le trouva
encore vivant. Elle l'emmena dans sa maison, et en peu de temps il fut guéri de ses
blessures.

Les chrétiens qui venaient le voir le conjurèrent de se cacher; mais, après avoir invoqué Dieu, il alla se montrer à l'empereur, et lui reprocha avec liberté ses injustices envers les chrétiens. Dioclétien, qui le croyait mort, fut fort surpris de le voir, et, ne pouvant supporter de tels reproches, il le fit assommer à coups de bâtons, et son corps fut jeté dans un cloaque, d'où une sainte femme le tira pour lui donner la sépulture.

T.

SAINT THOMAS, APÔTRE.

Saint Thomas était Galiléen de naissance; il s'attacha à Jésus-Christ, qui le choisit pour un de ses douze apôtres. Dans

le temps de la passion, Thomas prit la
fuite comme les autres, et fut si frappé de
la mort de Jésus-Christ, que, lorsqu'on lui
rapporta qu'on avait vu le Seigneur ressus-
cité, il n'en voulut rien croire, et dit :
Si je ne vois dans ses mains la marque des
clous, et si je ne mets mon doigt dans le
trou des clous, je ne le croirai pas. Huit
jours après, les disciples étaient encore
dans le même lieu, et Thomas avec eux.
Jésus vint, quoique les portes fussent fer-
mées, et se tenait au milieu d'eux. Il leur
dit : la paix soit avec vous. Il dit ensuite à
Thomas : Portez ici votre doigt, et con-
sidérez mes mains ; approchez aussi votre
main, et mettez-la dans mon côté, et ne
soyez pas incrédule, mais fidèle. Thomas
répondit en disant : Mon Seigneur et mon
Dieu ! Jésus lui dit : Vous avez cru, Thomas, parce que vous m'avez vu. Thomas
se trouva à la pêche miraculeuse qui arriva

après la résurrection, en Galilée, où Jésus-Christ apparut à eux après la des-
cente du Saint-Esprit. On croit que saint
Thomas alla porter l'Évangile jusqu'aux
Indes, et qu'il y souffrit le martyre.

U.

SAINT URBAIN.

Saint Urbain fut le successeur de saint
Caliste, pape. Il mourut l'an 230, et gouverna pendant sept ans l'église avec autant de sagesse que de prudence. La persécution qui avait éclaté avec plus ou
moins de violence contre les chrétiens
commença à s'apaiser sous le pontificat
d'Urbain, et il eut la satisfaction de voir
le nombre de chrétiens s'augmenter consi-

dérablement. La persécution suivante, qui
fut la sixième, ne commença que six ans
après sa mort, et eut lieu sous le règne
de l'empereur Maximin.

V.

SAINT VICTOR.

Saint Victor, de Marseille, était un
homme distingué et par sa vertu et par
sa noblesse. L'empereur Maximien le fit
comparaître à son tribunal, pour l'engager
à sacrifier aux dieux; mais le saint martyr
confondit le tyran et ses officiers, en dé-
montrant la vanité des idoles et la divinité
de Jésus-Christ. Alors Maximien le con-
damna à être traîné dans les rues les pieds
et les mains liés. Après ce premier tour-

ment, le saint martyr refusant encore de sacrifier aux dieux, on le fit attacher sur le chevalet, où il fut long-temps et cruellement tourmenté. Pendant ce supplice, le saint avait les yeux attachés au ciel, demandant à Dieu la patience. Jésus-Christ lui apparut, tenant sa croix, et lui dit : « La paix soit avec vous, je suis Jésus, qui souffre dans mes saints : prenez courage ; je vous soutiens dans ce combat, et je vous récompenserai après la victoire ». Ces paroles fortifièrent Victor. Enfin on le reconduisit en prison. Dieu l'y visita, et, pendant la nuit, son cachot parut tout éclatant de lumière. Trois soldats qui le gardaient, voyant ce prodige, se jetèrent aux pieds du saint et en reçurent le baptême. Maximien l'ayant su, ordonna de les faire mourir, s'ils n'abjuraient leur foi, et ils eurent la tête tranchée. L'empereur fit ensuite venir Victor, et, après de nou-

velles tortures, il l'engagea à sacrifier aux
dieux sur un autel qu'il fit dresser, lui
promettant sa faveur. Victor, s'étant ap-
proché comme pour le faire, renversa
l'autel d'un coup de pied. Le tyran en
colère lui fit couper le pied, et ordonna
que le saint fût écrasé sous une meule à
moulin. Après ce cruel supplice, comme
il respirait encore, on lui trancha la tête.
Alors on entendit une voix du ciel, qui
dit : Tu as vaincu, Victor ; tu as vaincu.
On jeta son corps dans la mer ; mais des
chrétiens le retirèrent et l'ensevelirent
dans une grotte où Dieu opéra beaucoup
de miracles.

X.

SAINT XAVIER. (FRANÇOIS.)

Saint François Xavier, surnommé l'A-
pôtre des Indes, était d'une famille noble.
Il enseigna la philosophie au collége de
Beauvais. Mais, étant lié avec saint Ignace
de Loyola, il devint un de ses premiers
disciples, et fut choisi par lui pour aller
prêcher l'évangile dans les Indes orien-
tales : il fit un grand nombre de conversions dans le Japon, au royaume de
Saxuma, où il traduisit le symbole et
l'explication de chacun de ses articles en
langue du pays. Mais les Bonzes, prêtres
du pays, parvinrent à indisposer le roi
contre lui. Il partit donc pour se rendre

à Firando, capitale d'un autre petit royaume; il y fut bien reçu du prince. Le fruit de ses prédications fut extraordinaire; il y convertit plus d'idolâtres en vingt jours qu'il n'avait fait en une année dans le Saxuma. A Amanguchy, où régnait une effroyable corruption de mœurs, ses prédications convertirent trois mille personnes. D'Amanguchy, il alla à Bongo, où il baptisa plusieurs Bonzes et quantité de personnes; le roi lui-même renonça à ses désordres et reçut le baptême. Le saint apôtre, qui desirait ardemment faire connaître Jésus-Christ dans la Chine, mourut après douze jours de maladie, au moment où il espérait y pénétrer, étant âgé de quarante-six ans. On jeta de la chaux vive sur son corps, afin de consumer promptement les chairs pour emporter ses ossemens dans les Indes. Mais, plus de deux mois après, on trouva son corps aussi frais que celui d'un homme vivant. On le transporta à Goa, dans l'église Saint-Paul, où il se fit un grand nombre de miracles.

Y.

SAINT YVES,

DIT L'AVOCAT DES PAUVRES.

Saint Yves naquit l'an 1253 au diocèse de Tréquier, de parens nobles et vertueux. L'étude et la prière partageaient son temps. Il savait que ce sont deux compagnons qu'on ne doit jamais séparer, si l'on veut réussir. Ses délassemens étaient d'aller dans les hôpitaux visiter les malades, les servir de ses propres mains, et les exhorter à la patience. La forte incli-

nation qu'il avait toujours eue pour assister
les indigens et tous ceux qui souffraient
le détermina à embrasser l'état ecclésias-
tique. Ayant été nommé à une cure presque malgré lui, tant était grande son humilité, il édifia son peuple par son exém-
ple, et l'instruisit par ses discours, la ré-
gularité de sa conduite; et quantité d'éclatantes vertus prouvaient à tout le monde
qu'il pratiquait le premier ce qu'il ensei-
gnait. Dieu convertit beaucoup de personnes par son ministère. C'était lui qui
par sa justice et sa bonté servait toujours
d'arbitre dans tous les différens qui s'éle-
vaient dans sa paroisse. Non seulement il
donnait l'aumône aux pauvres, mais encore il les faisait manger avec lui. Pendant
quinze ans il jeûna au pain et à l'eau le
carême entier et l'avent. Il couchait tout
vêtu sur une claie, ou sur un peu de
paille, avec un livre ou une pierre pour

chevet ; il ne dormait guère, même la nuit, à moins qu'il ne fût accablé par le travail. Malgré la faiblesse de sa santé, il ne voulut jamais se relâcher de ses exercices, et huit jours avant de mourir il prêcha encore son peuple, soutenu par deux personnes. Il mourut l'an 1303.

Z.

SAINT ZACHARIE, PAPE.

Saint Zacharie était Grec de naissance, et étant venu à Rome dans le huitième siècle, sa piété et son savoir le firent admettre dans le clergé, dont il devint en peu de temps l'admiration et le modèle. On lui en donna dès marques après la mort du pape Grégoire III, en 741 ; car il fut

choisi unanimement pour lui succéder.
Il apaisa Luitprand, roi des Lombards,
qui était irrité contre les Romains, et qui
mettait obstacle aux règlemens qu'il vou-
lait établir dans le clergé. Il contribua à
la conversion de plusieurs grands, entre
autres, de Carloman, prince des Français,
et de Nachis, roi des Lombards, successeur de Luitprand.

Rachis renonça à tout pour suivre Jésus-
Christ, et se retira à Mont-Cassin. Pour
Zacharie, après d'autres actions de sain-
teté, non moins éclatantes, usé par ses
travaux et par ses austérités, il mourut à
Rome, après dix ans trois mois et qua-
torze jours de pontificat.

www.ingramcontent.com/pod-product-compliance
Lightning Source LLC
Chambersburg PA
CBHW070907280326
41934CB00008B/1614